とことんつきあってくれた、キャズとベスとアリスへ
M.J.

なるほど！　お金のはなし
2015年11月10日　第1刷発行

文＝マーティン・ジェンキンス
絵・タイトル文字＝きたむら さとし
訳＝吉井一美

日本語版デザイン＝細川 佳
発行者＝落合直也
発行所＝ＢＬ出版株式会社
〒652-0846 神戸市兵庫区出在家町2-2-20
Tel.078-681-3111　http://www.blg.co.jp/blp

NDC337　60 P　24×20 cm
Japanese text copyright © Yoshii Kazumi 2015
Printed in China
ISBN978-4-7764-0731-7 C8033

THE STORY OF MONEY
Text copyright © 2014 Martin Jenkins
Illustrations copyright © 2014 Satoshi Kitamura
Published by arrangement with
Walker Books Limited, London SE11 5HJ
through Japan UNI Agency, Inc., Tokyo

All rights reserved.
No part of this book may be reproduced, transmitted, broadcast or stored in an information retrieval
system in any form or by any means, graphic, electronic or mechanical, including photocopying,
taping and recording, without prior written permission from the publisher.

なるほど！お金のはなし

文・マーティン・ジェンキンス

絵・きたむらさとし

訳・吉井一美

はじめに	9
第1章　だれもお金なんて持ってなかった	10
第2章　お金はないけど物ならあった	13
第3章　数えられるものは数えよう	15
第4章　ヤギと交換してくれる？	18
第5章　かたい素材を見つけた	21
第6章　他人の鼻にかみつくと高くつく	24
第7章　利益を考える	26
第8章　お金は文書や記録の生みの親	30
第9章　硬貨をつくる	33
第10章　やっかいな税	37

第11章　ローマ人が物の値段をつり上げる ……………………… 39

第12章　命がけで金や銀を手に入れる ……………………… 43

第13章　掘り出した金のゆくえ ……………………… 45

第14章　紙幣の登場 ……………………… 47

第15章　お金はかんたんに消えてしまうもの ……………………… 50

第16章　お金はしばりつけておけない ……………………… 53

ものの値段と価値は別のこと ……………………… 57

あとがき ……………………… 58

参考文献 ……………………… 59

さくいん ……………………… 60

※本文中の「利子」「利息」の定義は、広辞苑・第6版（岩波書店）によります。

はじめに

　南太平洋のヤップ島では、それはまん中に穴のあいた巨大な石でできていた。350年前のスウェーデンでは、大きな銅の板でできていて、それを運ぶのにはロバが活躍した。貝がらをいくつもひもに通したものや、たくさんの特製の布地ということもあった。今日では、コンピューター上にずらりと並ぶ数字のこともある。ほとんどの人の想像をこえるくらい、とてつもなくたくさん持っている人もいる。まったく持っていないという人も大勢いるし、少なすぎてないのと同じという人もいる。それがどこに行ってしまうのかは知っていても、どこからやってくるのかをきちんと説明するのはむずかしい。何よりもすばらしいものだと考える人もいれば、実に悪いものだと考える人もいる。でも、それがとても重要なものであることには、みんな賛成しているようだ。

　さて、それは何だと思う？

　答えはお金だ。お金が世界を動かしている。でも、お金のなる木はないし、もちろんお金で愛は買えない。

　昔は、お金なんてなかった。当時の人々はお金がなくてもうまくやっていたと考えてまちがいない。今でも世界の一部の地域の人々は、お金がなくてもきちんと生活している。だったら、どうして人間はわざわざお金なんてものを発明したんだろう？それはいつごろのことなんだろう？

第1章
だれもお金なんて持ってなかった

　ずっとずっと昔から、人類は道具を使い、衣服や装飾品を身につけていたことが考古学の研究から知られている。そして、それはお金が発明されるずっと前からだったことも確かだ。

　人類が誕生してまもなくのころ、人々は狩りをしたり食べ物を集めたりして、住むところを転々としながら、家族単位のグループで暮らしていた。彼らが使っていたものは、簡単に手に入る材料で作られていた。石や動物の骨で道具を作り、動物の毛皮や木の皮で衣服を作っていた。何かが必要になれば、自分で作ったりグループのほかのだれかから借りたりしていた。グループのリーダーが、だれが何をいつ必要なのかを見きわめて、あたえていたとも考えられている。

　でもあるとき、変化が起きた。それは、こんなふうだったと考えられる。きみが、あるグループで暮らしていたとしよう。きみは何か便利なもの、たとえばイチイの木を使って投げやりを作るのが得意だとわかる。やがてグループのみんなが、きみの作

った特製の投げやりをほしがるようになる。きみが、やりを作ってはゆずり続けているうちに、ついにはきみの作ったやりが、グループみんなの手にわたる。きみは投げやり作りの名人として鼻が高い。でも、そのうちやりを作るのに忙しくなりすぎて、自分の食料を集める時間がないことに気がつくだろう。するとグループ内の人々が、新しいやりを作ってもらったお返しに、きみに食べ物をくれるようになる。

　ほかの人と交換できるのは物だけとはかぎらない。きみは薬草を使って病気の人を治したり、骨折した人の骨つぎをしたりするのが得意だったとしよう。人々はきみの技術が必要になれば、きみの助けをもとめて、そのお返しに何かをくれるようになる。

　やがてグループがほかのグループと物を交換する習慣ができてくる。これは今、ぼくたちがプレゼント交換をするように、友情をしめす方法のひとつにもなる。いっぽうでは、交換することがたがいのグループにとって役立つからやる、というのもある。片方のグループでオオカミの毛皮のマントが余分に作れると、それを大漁にめぐまれたもう片方のグループの余分な魚の干物と交換する。すると、どちらのグループもきびしい冬をこすのに役立つものを手に入れられる。

これが、いわゆる物々交換のはじまりだ。つまり相手のほしいものと、自分のほしいものを交換して必要なものを手に入れる取り引きのことだ。

　物々交換が大昔の人々の暮らしにとってどれだけ重要だったか、実ははっきりしたことはわからない。結局はそれほど重要ではなかったかもしれない。住むところを転々としていた大昔の人々は、そんなに多くの物を必要としたりほしがったりせず、上等な毛皮が1枚とやりが2、3本あれば、それでよかったのかもしれない。それならなぜ、人はこんなに多くの物を持つようになったのだろう？

第2章
お金はないけど物ならあった

　約1万年前、最後の氷河期の終わりごろになると、人々はあることを始めた。それによって世界は永久に変わってしまったといってもいい。人々は狩りをしたり食べ物を集めたりして住むところを転々とする代わりに、植物を育て、動物を飼育するようになったのだ。不思議なことに、このような動きが世界中のあちこちで、同じくらいの時期に始まった。ぼくたちの知るかぎりでは、それが起こった最初の場所は、現在のイラク、シリア、レバノンなどがある中東の「肥よくな三日月地帯」と呼ばれる地域だ。まさにそこで、お金の話が始まる。

　人々は畑で植物を育てはじめると、同じ場所に長期間、あるいは永久にとどまるようになった。そして、ひとつの場所に住み続けると、たくさんの物を集めるようになった。すると、人々はだれが何を持っているかに関心を持ちはじめる。この新しい暮らし方はかなりの重労働だった。地面から岩や石ころなどをとりのぞき、耕して、種をまき、植物が育つよう世話をして、作物を収穫する。また、家畜のために良質な牧草地をさがし、野生動物から守り、冬の間は寒さよけに小屋の中で保護する。これら

すべてを自分でやりたくなければ、だれかほかの人に手伝ってもらって良質の作物とりっぱな子羊を手に入れる。

　ひとりで土地や羊の群れを所有しているよりは、むしろ家族や一族でさまざまな物を共有することのほうが多かった。時がたつにつれ、良質の土地を持っている一族は、必要な分以上に多くの作物を収穫できたり、多くの羊やヤギを飼うことができたりした。このような一族は、それらを馬や衣服、家具などと物々交換するときに優位な立場になった。このころには人々は一か所に住みつき、そこで家具をそろえて暮らしていけるきちんとした家を持つようになっていた。彼らは羊１、２ひきと交換に、新しい穀物倉庫をつくる手伝いをしてもらったり、どれい１人を手に入れたりした。また、自分の妻のうちの１人と交換に、一族の長になったりすることもあった。

第3章
数えられるものは数えよう

　物によっては「肥よくな三日月地帯」から遠く離れた場所まで運ばれたことがわかっている。貝がらのように、本来あるべき海からはるか離れた内陸の古代の集落で発見されているものがあるからだ。確かではないけれど、物々交換が行われていた可能性は高い。それに、ほかにも何らかの物々交換が行われていたと信用できる手がかりもある。およそ１万年前、人々は粘土でさまざまな小さなものを作った。そのほとんどは、玉や円すいといった単純な形だったけれど、なかには動物や道具をかたどったものもあった。それらには小さな穴が開けられていて、まとめて糸に通せるようになっていた。自分が所有しているものをおぼえておくために作ったと考えられている。

　また、何かおはじきのようなもの（トークンと呼ばれる）がたくさん、粘土の包みの中に密閉されていた。これは、たとえば小麦の入った袋が穀物倉庫にいくつあるかなどをおぼえているためのものだ。穀物の袋を倉庫に預けておいて、その袋の数と同

じだけのトークンの入った包みを持っておく。穀物が必要になったときに包みを割り、中のトークンと同じ数の穀物の袋がもどってくるといった具合だ。あるいは、倉庫に保管しておいたものと同じ価値のある別のものを手に入れることもあったかもしれない。

　こうした粘土の包みは何千年も利用されてきた。あるとき、人々は粘土の包みの中にトークンがいくつ入っているか外から見てわかれば、包みを割らなくても数えられ

るということに気がついた。

　人々は植物のアシの先を丸めて、粘土の包みがかわく前に、その表面にかんたんな絵がらを彫るようになった。たとえば包みの中にトークンが10こ入っていれば、表

面に丸を10こ彫る。そのうちに、丸が10こ彫ってあれば、トークンそのものがなくてもやりとりができるようになった。だから、大きな粘土の包みの代わりに粘土の板に記録するようになった。それとほぼ同じ時期に、省略記号も使いはじめた。粘土の板に羊の絵を100こ小さく描く代わりに、羊を1ぴき描いて、そのとなりに100を意味する記号を書けば、それで羊100ぴきの所有者だというわけだ。ここまでくれば、「正式な」文書もそう遠い話ではない。でもそれは別の章で話すとしよう。

第4章
ヤギと交換してくれる？

　物々交換はとても便利だが、問題もある。必要なものやほしいものを手に入れたいとき、人は自分がもともと持っているものとしか交換できない。きみがヤギを飼っていて、冬にそなえて穀物が必要だったとしよう。きみは穀物を作っている人に、自分のヤギ1ぴきと、小麦2袋とを交換してほしいと話を持ちかける。

　でも、穀物を作っている人は、ヤギは必要ないという。ヤギを飼う場所がないとか、もうヤギは十分な数だけ飼っているとかいう理由だ。もちろん、その人はヤギをいったん自分のものにして、ヤギをほしがっているだれかと、自分が必要なものと交換することだってできる。でも、ヤギをほしがっている人で、しかも自分が必要なものを持っている人をさがさなくてはならなくなるし、さがしている間は自分がヤギの世話

をしなくてはならない。

　もしも、きみのヤギを、だれもが望むような、保管や持ち運びがしやすいものと交換できたら便利だと思わないか？　そうすれば、きみはその便利なものを持っている人でヤギをほしがっている人をさがせばいい。きみはヤギとそれを交換して、それか

ら穀物を作っている人のところへ行って、それと穀物とを交換すればいい。穀物を作っている人は手に入れたその便利なものと、自分がほしいものとを交換する。すると、みんながそれぞれほしいものを手に入れられて一件落着というわけだ。すばらしい！

その便利なものが、好きな分だけ分けられたら、なおのこといい。きみが交換できるのはヤギ１ぴきだけど、ほしいのはヤギ１ぴきの価値の半分の穀物だったとしよう。ヤギを生かしておきたいなら、ヤギの体の半分だけ交換することなんてできない。そんなとき、ヤギ１ぴきを、ヤギの価値の半分の穀物とヤギの価値の半分の便利なものと交換する。その便利なものは、何かほかのものと交換するときまでとっておけばいい。

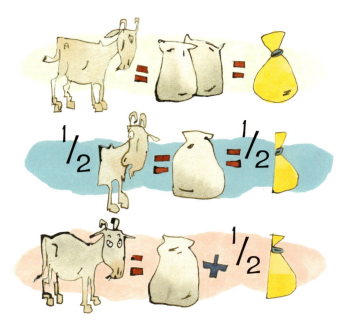

　さあ、問題を出そう。この便利なものって何？

第5章
かたい素材を見つけた

小麦を育てたり、羊を飼ったり、記録する方法を考え出したりするのと同時に、人々はもうひとつ新しいことを始めた。それは金属のかたまりを掘り出すことだった。たとえば隕石の中からは鉄がとれた——これはきわめてめずらしいことだった。緑がかった赤色をした銅は1か所にかなりの量が埋まっているので、場所がわかりさえすれば、たくさんとることができた。それから白や黄色の貴金属のかたまり——黄色のはずっしりと重く、めったに見つからないものだけれど、白っぽいのや薄黄色のほうはよく見つかり、そんなに重くない。黄色いのは金で、白っぽいほうは銀、その中間の色をしたのは、金と銀が混ざり合ったものでエレクトラムと呼ばれている。

このような金属はとても魅力的だった。特に金はすばらしい。その美しいかがやきは何をしても色あせることがない。決してさびたりくさったりしないし、燃えたりもしない。かたまりを打ち延ばしたり丸めたりすると、どんな形にもなる。火で熱すると、糸のように細く引きのばすこともできる。銀や銅も負けてはいない。すぐに色がくもってしまうけれど、みがけばたちまちかがやきをとりもどしてピカピカになる。何かの形にするのはそんなにかんたんではなく、何度も打ち延ばすと割れたりバラバラになったりするけれど、たいてい熱してさえあれば、割れることはなかった。

だが、これらの金属からは大きなものは作れなかった。かたまりのほとんどは小さかったし、それらをひとつにまとめる方法をだれも考えつかなかったからだ。いずれ

にしても、金属はとてもめずらしいもので、特に金と銀の場合は、道具や武器として使うにはやわらかすぎて、よくある火打石や動物の骨のように使い勝手がいいとはいえなかった。けれども、腕輪のようなアクセサリーや、お守りとして使われていた。

こうして時が過ぎ、人々は銅やスズ、鉄などを岩石から大量に採集す

る方法を発見した。そして非常に高熱の火を使って、道具や武器を作り出すことに成功した。これらの金属は日常生活において実用的で重要な役割を果たすようになってきた。それでも、金や銀やエレクトラムはまだ貴重だった。金のほとんどが司祭や王など、有力者の手の中におさまったことは確かだ。でも、文字で書かれた記録が残っている時代（有史時代）より前の時

　代のことなので、それが取り引きに使われたのか、ただ所有されていただけなのか、はっきりしたことはわかっていない。

　ただ、銀とエレクトラムは取り引きに用いられたことがよく知られている。特に銀はよく用いられた。有史時代になるころには、銀とエレクトラムは取り引きの際に非常に重要な役割を果たすようになっていた。つまり、前の章で話していた、いろんな物と交換できる、あの「便利なもの」になった。そう、お金だ。

第6章
他人の鼻にかみつくと高くつく

　銀がお金として使われはじめると、重要になったのは銀のかたまりの数ではなく重さだった。解読できるもっとも古い記録には、物の価格を銀の重さで決めていたことが記されている。木材や家畜のような物だけでなく、日々の労働賃金や罰金などにも当てはめられた。「肥よくな三日月地帯」にあった、古代メソポタミアのエシュヌンナの王がおよそ4000年前に定めたおきてによれば、他人の鼻にかみついた場合の罰金は銀1ミナだったという。それはおよそ500グラム――かなりの重さだ！　ほっぺたを平手打ちすると、銀10シェケル、つまり6分の1ミナの罰金だ。大麦の収穫に1日働いた賃金はちょうど銀12セ、つまり1000分の1ミナだ。だから、もしきみがだれかの鼻にかみついたら、ほぼ3年間毎日働きづめで罰金を支払うことになる。

鼻にかみつく　　＝　　銀500グラム（1ミナ）

　12セとはわずか0.5グラムほどだが、そんなわずかな銀のお金でも、人によっては大金だ。それはまるまる1日働いた分の賃金なのだから。

お金をあつかう人にとって重要なのは、上等な天秤と正確なおもりを持っていることと、その取り引きに使われているのが本物の銀かどうか見分ける方法を知っていることだった（当時の人がどうやって見分けていたのかは、今でもよくわかっていない）。古代メソポタミアと、それに続いて古代エジプトでは、その役割を任されていたのは寺院だったようだ。銀を使って何かを買ったり売ったりしたいときには、寺院に行けばよかった。

　寺院の聖職者たちはおもりを保管し、だれが何を買ったり売ったりしたのかを記録していた。でも、お金に関する法や規則をつくったのは、王などの統治者だった。彼らは罰金や税金の額を定めるのと同じように、油や布といったさまざまな物の値段も決めていた。ほとんどの物はその価値を銀で評価されたが、すべてではなかった。食料を手に入れるときには、大麦がお金の一種として使われていた。でも、大麦は収穫の良し悪しで、年によってその価値が変化した。メソポタミア以外の各地でも、金属や穀物がお金の一種として使われはじめた。ただ、金属は銀とはかぎらなかった。エジプトではおもに銅が使われ、金もいくらか使われたけれど、銀はめったに使われなかった。

第7章
利益を考える

　お金が重要なものになった古代メソポタミアや古代エジプトのような場所でも、多くの人々はほとんどいつもお金なんて持っていなかったし、持っていてもごくわずかだった。きみがその当時にいたとしても、必要なものと物々交換をしてすませていただろう。でも交換するものを何も持っていなかったら、きっとだれかから借りるはずだ。仮に収穫前に食べ物が底をついてしまったとしよう。そうしたら、だれかから少し借りて、収穫の時期になったらきちんと返すと約束する。あるいは自分の畑を耕すためにだれかの飼っている牛を借りたいとしよう。きみは、収穫の時期になったらとれた作物で牛に働いてもらった分を返すと約束する。

　貸し借りが成り立つのは、貸す人がきみのことを、返すまで逃げずにずっと同じ場所に住みつづけると信用して、きみが確実に返してくれると思ったときだけだ。つま

り、きみの家族が食べる分と、返す分がたっぷり収穫できるくらいの豊作が見こめるときだけだ。

　借りた人がどれくらい返したらいいのかは、大昔からずっと議論が続けられてきて、今日でもまだ続けられている。大麦を3袋借りたなら、3袋返せばいいという意見もある。一見、正しいようにも思える。でも、それは他人に何かを貸すことの危険性が考えられていない。借りた人の畑が収穫期に不作かもしれないし、借りた人が返す前に引っこししたり死んでしまったりするかもしれない。だから、そういったことを見こして、もともと借りた分よりも少し多めに返すべきだという考えがほとんどだ。たとえば、種まきの時期に大麦の種を1袋借りて、収穫期に20袋も収穫できたとした

ら、もともと借りた1袋に加えて、19袋のうちの一部を余分につけて返すということだ。もともとの1袋がなかったら、大麦を育てて収穫することなんてまったくできなかったからだ。

　人々が貸した分よりも多くを返してもらえるのには、また別の理由がある。他人に貸している物は、それを貸した人にとってより、借りる人にとって非常に重要だ。それが何であれ、貸す人は自分が必要な分より余分に持っている。そうでなければ貸すことはできない。ある年に大麦が豊作で余分が多く出たら、他人に何袋か貸してもこ

不作

　まりはしない。いっぽう、借りる側の人や家族にとっては、もしも大麦が不作だったら、文字通り生きるか死ぬかの大問題だ。つまり、貸す側の人が有利に取り引きを進める立場にあるということになる。不公平だって？　でも、取り引きというものがはじめて行われて以来ずっと、このような方法でたくさんの取り引きが続けられている。
　何かを借りたとき、余分につけて返すもののことを利子という。エシュヌンナ法典を定めた王によれば、きみが雄牛を買うために銀を借りたとすると、その年の終わりに、きみはもともと借りた銀に、その5分の1の銀を加えて返さなければならない。つまり20パーセントの利子がつく。

第8章
お金は文書や記録の生みの親

　文書や記録が考え出される以前には、何かを借りることは、なかなかやっかいなことだった。人間の記憶というものはしばしば人を混乱させ、6か月や1年もたてば、正確にはどれくらい借りていたのかなんてかんたんに忘れてしまうものだ。ときには借りていたことそのものを忘れてしまうことだってある。貸し借りの証人として、何人かに立ち会ってもらうこともできたけれど、証人どうしで記憶がまちまちだったりすることもあった。でも、貸し借りの内容を粘土の板に彫って火で焼いておけば、内容が変わることはないから、あとで返すときに信頼できる証拠になる。

　この板のことを借用書（IOU）と呼んでいる。
　IOUは英語でI owe you.つまり、私はあなたに借りがある、という意味だ。

= 借用書

　この借用書には、借りた人と貸した人の名前が入れられた。たとえば「わたくしアミル・ミラは、ジョセファットから銀30グラムを借りました。来年の最初の満月の日に返すことを約束します」というふうに。借用書は貸した人が持っているか、寺院

などの安全な場所に保管された。そして、約束の日になると、銀30グラムは返され、借用書の板はこわされて、それでおしまいだ。

アミル・ミラ

わたくしアミル・ミラは、ジョセファットから銀30グラムを借りました。来年の最初の満月の日に返すことを約束します。

ジョセファット

　この借用書で銀を返してもらえるのは、そこに貸した人として名前を記された人だけだ。だから、もしジョセファットがアイリスに銀30グラムを借りることになったら、また別の借用書に記録しなければならない。アイリスがジョセファットから銀を返してもらうには、アミル・ミラがきちんと約束の日にジョセファットに銀を返すまで待たなければならない。そのときやっと、2つ目の借用書の板がこわされる。

ジョセファット

わたくしジョセファットは、アイリスから銀30グラムを借りました。来年の2回目の満月の日に返すことを約束します。

アイリス

でもときどき、借用書にお金を借りた人の名前だけを記すこともあった。「わたくしアミル・ミラは、この板を持っている人に銀30グラムを支払います。……」いろんな意味で、この借用書のほうがもっと便利に使える。アミル・ミラが銀を借りたときに、これをジョセファットにわたす。そのあとでジョセファットがアイリスから銀を借りるときには、新しい借用書を作る代わりに、ジョセファットはアミル・ミラが作った借用書をアイリスにわたせばいい。あとはアイリスがアミル・ミラから直接、銀30グラムを受けとるだけだ。もしも、アイリスがだれかほかの人から銀30グラムを借りることになったら、今度はアイリスがその借用書をその人にわたせばいいと

アミル・ミラ　　　　　　　ジョセファット　　　　　　　アイリス

いう具合だ。
　考古学者たちは、古代メソポタミアの遺跡から、こういった借用書の板を非常にたくさん発見している。借用書の板はお金の歴史の中では、貴金属の発見と同じくとても重要なものだ。そして、借用書は文書や記録が考え出されるのに重要な役割を果たしたといえるだろう。

第9章
硬貨をつくる

　ここまで、重さを量った金属や穀物をお金として使ったり、粘土の板を借用書やだれが何を所有しているのかのおぼえがきとして使ったりすることで、すべてが完ぺきにうまくいっていたように思える。でも、紀元前600年ごろに、別のすばらしいアイデアが出てきた。それが硬貨（コイン）だ。硬貨はある決まったサイズと形をした金属で、たいていはそれがどのくらいの重さなのか、どこでつくられたのかが記されていた。統治者の肖像が描かれることもしばしばだった。多くの古代の発明品のように、硬貨も世界のあちこち——中国や、黒海の周辺地域、地中海の東部に広がる地域などで、ほぼ同じ時期に現れた。そこには都市国家と呼ばれるたくさんの小さな国々があって、それぞれに統治者がいて法律も定められていた。

　なぜ硬貨を使うようになったのか、一番はっきりしている理由は、それぞれの硬貨の重さが決まっていれば、どれくらいの価値があるかわかるし、使いたいと思うたび

に重さを量らずにすむということだ。何かを売ったり買ったりしたいと思うたびに寺院に行かなくてもいい。こうして人々は、商売がよりかんたんにできるようになった。最初に硬貨を使いはじめた国のうちのリディア（現在のトルコ）で、最初に店というものができたのも、おそらく偶然ではないだろうと、古代ギリシャの歴史家ヘロドトスはいっている。

はじめのうちは、リディアや地中海地域で使われていた硬貨は金や銀、エレクトラムといった価値の高い金属でできていた。こうした硬貨はお金持ちの人々が高価な品々を売買するのに便利で、手軽に貯蓄するのにも重宝された。でも、食べ物のような毎日の買い物をするには不向きだった。やがて、日用品などの安いものの売買のためには、銅や青銅でできたもう少し価値の低い硬貨がつくられるようになった。ギリシャのアテネのように古代の市場が開かれた場所では、非常に多くの銅や青銅の硬貨が見つかっていることから、硬貨がいかによく使われていたかがわかる。

　長い間、硬貨はどの国でもつくられていたというわけではなかった。しかも、それぞれの硬貨はつくられた国の中だけで使われていた。そして硬貨には実際にふくまれる金属の価値よりも少し高めの価値がついていた。国の統治者が硬貨をつくることで、もうけを得ていたからだ。これがいわゆる通貨のはじまりだ。やがて両替屋を営む人が現れて、港や国境で商人たちをむかえては、彼らの持っている金のかたまりや外国の硬貨を、その国の硬貨に替えるようになった。そのとき、ほんの少しのもうけを上乗せしていた。こうした両替屋の中から最初の銀行家が生まれたといわれている。お金を両替するだけでなく、人のお金を預かって、貸し出したりもする。もちろん、高い利子をとって。

　もっとも有名な初期の銀行家はパシオンという人だ。パシオンはアテネの港町ピレウスで暮らしていた。最初はどれいとして、銀行を所有していた主人の手伝いをしていた。パシオンには商売の才能があったので、やがてその銀行を引きつぎ、自由の身になってアテネ市民となった。当時、どれいにとっては非常にめずらしいことだった。紀元前370年にパシオンが亡くなったとき、360,000ドラクマ*をこえるばくだいな財産があったそうだ。1ドラクマは当時の1日の肉体労働の賃金だともいわれているので、すごい金額だ。そんな昔でも、銀行家はかなりの利益を得ていたようだ。

（※ ドラクマ：古代ギリシャの貨幣単位）

第10章
やっかいな税

　パシオンのような銀行家にお金を預ける人々の多くは、お金を安全に置いておくところのない旅人たちだった。でも、そのほかに税のとり立て人からお金をかくそうと、銀行を利用する人たちもいた。お金と同じくらい古いものを確実にひとつあげるとすれば、それは税制度だ。

　統治者や支配者たちは常にお金を必要としていた。それは、道路をつくったり、学校を運営したり、敵から国を守ったりと、自分の国や国民のために必要だったと考えられている。ときには統治者が自分たちのぜいたくな暮らしを保つためだったり、エジプトのピラミッドのように自分の大きなお墓を建てるためだったりすることもあった。どんな理由にしろ、統治者たちは何とかしてお金を集めようと、かなりの知恵をしぼった。エシュヌンナの王が決めた、鼻にかみついたときなどの罰金もその知恵のひとつで、硬貨をつくるときの手数料というのもそうだ。外国に攻め入って、その国のお金持ちからお金をうばうのもよくあることだった。ただ、ひとつ問題なのは、外国に攻め入る前に、軍隊を準備するための資金が必要になるということだったけれど。

　でも、お金を集めるのにもっとも一般的な方法は、税を取り立てることだった。支配者や統治者たちは、人それぞれの持ち物やかせぎ、生活にかかるお金などの総額を考え合わせて、その一部を税として取り立てた。かつては、まったくお金のない人や、少ししかお金のない人は、税を物品でおさめることがよくあった。たとえば、育てた穀物の一部をおさめたり、統治者のために一年のある時期を、賃金を受けとらずに働いたりした。それでも、だいたいのところ統治者たちはお金で税を受けとるほうを好

んだ。そして、もちろん人々は税という制度があるかぎり、税を支払わなくてすむようなほう方法を必死でさがしつづけてきた。

第11章
ローマ人が物の値段をつり上げる

　古代ギリシャのほとんどの地域で硬貨を使うようになってから少なくとも200年の間、ローマ帝国とそのとなりの国エトルリアでは、まだ青銅ののべ棒がお金として使われていた。しかし、それはとても便利とはいえないものだった。青銅はあまり価値がなかったので、大金を用意するにはものすごくたくさんの青銅が必要だった。当時のローマの元老院議員たちは自分の財産を荷車につんで運んでいたといわれている（もちろん実際に荷車をひいていたのはどれいだった）。

　紀元前200年ごろ、ローマ人はついに銀と青銅の硬貨を使いはじめた。おもに青銅貨のアスと、銀貨のデナリウスだった（1デナリウス＝10アス）。
　そのころ、ローマ人は世界征服への一歩をふみ出していた。打ち負かした国々のお金が、戦利品や、みつぎ物、税金といった形でローマにどんどん流れこんでくるようになった。紀元前168年にマケドニア王国がローマの手に落ちると、7500万デナ

リウスもの大金（重さにして銀300トン以上）が、ローマ帝国のものになったといわれている。もちろん、そのほとんどはローマ帝国の支配者たちのものになった——なるほど、人々が政治家になろうとするのもわかる気がする。

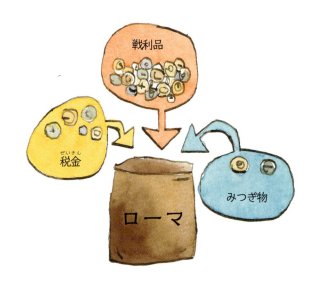

ローマ帝国がますます強力な国になるにつれて、ローマに住む人々の数もどんどん増え、その結果、人々が使うお金も増えていった。その多くはぜいたくのために使われた——豪華な晩さん会や、目を見張るような競技会や見せ物、異国のめずらしい動物やおしゃれな家具、アラビアや中国やインドからとり寄せた衣服や香水、香辛料などなど。古代ローマの歴史家プリニウスによると、紀元1世紀には東洋から高級品を輸入するのに、年間に2500万デナリウスをこえる大金が使われたという。ローマはその代金をすべて金や銀で支払っていた。

ローマ帝国の人口が増えるということは、より多くの人々が物を売り買いするためにお金が必要になるということだった。ローマ帝国が大きくなりつづけるかぎり、金貨や銀貨、金や銀ののべ棒は征服した国々から入りつづけたので、人々を十分に満足させることができた。でも、紀元117年ごろになるとローマ帝国はそれ以上、他国へ攻め入って国を大きくすることができなくなったので、新たに金や銀がローマに入ってくることはほとんどなくなった。それでもまだ輸入した物の支払いのために、大金が国からどんどん出て行き、ローマ国内では硬貨が不足しはじめた。

　支配者たちはこの問題をどうにかしようと頭をひねって、デナリウス銀貨やほかの価値の高い硬貨を新しくつくるとき、ベースメタルと呼ばれる鉛やスズを混ぜることにした。すると、銀1キログラムからつくられるデナリウス銀貨の量が増えて、さらに多くのお金が出回るようになった。

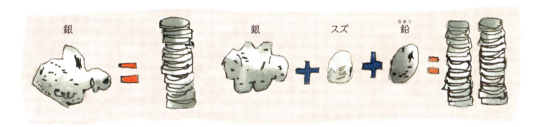

　でも、抜け目ない商人たちはそのからくりに気がついて、すぐに物の値段をつり上げた。そうすれば以前と同じ重さの銀を手に入れられるからだ。物の値段が上がるにつれて、やがて以前よりも高い賃金が支払われるようになった。ローマ軍の兵士の賃金はユリウス・カエサルが治めた時代（紀元前46年ごろ）には年に225デナリウスだったのが、250年後の紀元200年には600デナリウスに、紀元235年には1800デナリウスになった。ユリウス・カエサル時代のデナリウス銀貨はほとんどが銀でできていたけれど、紀元235年のデナリウス銀貨にはその10分の1もないく

らいの銀しかふくまれていなかった。だから、以前と同じだけの食べ物や衣服を買うためには、もっと多くのお金が必要になった。こんなふうに硬貨をつくっていたことによって、古代ローマ人は「インフレーション」という、物の値段が上がってお金の価値がどんどん下がる状態を生み出してしまった。

数年後

さらに数年後

第12章
命がけで金や銀を手に入れる

　1492年にクリストファー・コロンブスは大西洋を西へと航海し、インドを目指して世界をめぐっていたが、コロンブスはインドだけでなく金もさがしていた。コロンブスはインドを見つけることはできなかったけれど、その代わりに新大陸アメリカを発見した。そしてカリブ海にうかぶイスパニョーラ島で、金も発見した。それはコロンブスがお金持ちになるには十分な量だったけれど、コロンブスに続いてやってきたスペインの征服者たち（コンキスタドール）が中央アメリカや南アメリカで発見した金の量にくらべたら、ごくわずかなものだった。メキシコのアステカ族や、ペルーのインカ族をふくむ先住民たちは、金や銀をお金としてではなく、装飾品や宝飾品に加工して使っていた。それを発見したスペイン人はうばいとり、溶かしてのべ棒にして船でスペインに持ち帰り、硬貨につくりかえた。

　スペイン人たちはすぐに、金や銀の産出地も発見した。もっとも有名なのがボリビアのポトシという都市で、世界一大きな銀山がある。1556年から1783年の間に、きびしくつらい労働を強いられた先住民たちによって、45,000トンの銀がその銀山から採掘された。そこでは何千人もの労働者が事故や疲労、銀を掘るときに使われた水銀による中毒で命を落とした。こうして鉱山での働き手が少なくなると、スペイン人たちはアフリカからどれいを連れてきて働かせたが、今度はそのどれいの多くが命を落としてしまった。

　ポトシのような鉱山からとれた銀や金のおかげで、しばらくの間スペインは裕福な国になった。しかし長い目で見れば、彼らにとってあまりよいことだったとはいえないようだ。スペイン人は戦争のたびにお金を使ういっぽうで、新しい商売や物づくり、農業方法の工夫などにはあまり熱心ではなかったため、物不足におちいった。そして、

どうやらそのせいで、物の値段が前よりもいっそう高くなる結果をまねいてしまった。そう、インフレーションが起こってしまった。すると、貧しい人々は——といっても、ほとんどの人が貧しかったけれど——いっそう生活が苦しくなっていった。おかしなことに、ローマ帝国のように貴金属が不足してインフレーションになることもあれば、17世紀のスペインのように貴金属が豊富でも同じようにインフレーションになることもある。

第13章
掘り出した金のゆくえ

　世界中の人々は今も硬貨を使って物を買っている。でも、ぼくたちが毎日使っている硬貨は貴金属でできてはいないし、100年以上もの間、貴金属の硬貨は存在していない。その理由は、古代ローマのように、単純に貴金属の出回っている量が少ないからだ。何千年もの努力を重ね、多くの命が失われた結果、ぼくたち人類が地下深くから掘り出してきた金の量は、ちょうど一辺が20メートルの立方体くらいだ。それを世界中の人で分けたら、1人あたり1辺が1センチメートルのサイコロぐらいにしかならない。掘り出された金は宝飾品として加工されるものもあるけれど、ほとんどは金ののべ棒の形で銀行の金庫室にしまいこまれている。おどろきだと思わないか？
　あんなに苦労して金を穴から掘り出してきたのに、ただ別の穴にしまっておくだけだなんて。

実際に、今ぼくたちが使っているお金や、経済学者や政治家、銀行家たちがしょっちゅう話題にしているお金は、貴金属とはほとんど関係ない。実はそれは、さまざまな借用書だ。借用書という考えは、かなり昔からあった。古代メソポタミアの粘土の板の話を思い出してほしい。その粘土の板は通貨の一種としてあつかわれたけれど、使い方がかぎられていた。たいていは、お金を借りた人の名前とお金を返す約束の日が記されていた。借用書を使ったのは、板に名前が記された人を知っていて、その人が約束を守る人だと信じることができる人だけだ。ところが政府や銀行のように影響力のある組織がかかわってくると、借用書はもっと多くの人に使われるようになった。それが今この世の中で起きていることだ。

第14章
紙幣の登場

　最初に紙幣（紙のお金）が登場した場所は、紀元1000年ごろの中国だ。当時は銅の硬貨がひろく使われていたけれど、中国国内での商売がさかんになるにつれて、輸入品の支払いのため銅貨が国外に出て行くようになり、古代ローマでその1000年ほど前に銀貨が不足したように、中国でも銅貨が不足してきた。銅の流出をくい止めるために、中国の皇帝は物を買うときに、銅貨で直接支払うのを禁じた。その代わりに、政府が発行した証明書（＝紙幣、紙のお金）と銅貨を交換するようにした。それぞれの紙幣には、銅貨に換算するとどのくらいの価値があるかが記されていて、人々はその紙幣を銅貨と同じように使うことができた。そして数年ごとに、手持ちの紙幣を政府が印刷した新しい紙幣と交換した。そのときに、もとから持っていた分がまるまるもどってくることはなく、政府が交換の手数料としてちょっとばかり利益を得ていた。人々の多くは紙幣をまったく信用していなかったので、物々交換をしたり、こっそり銅貨で支払いをしたりして、規則をやぶっていた。それでも政府のこの交換のしくみは、完全にやめるまで数百年の間続いた。

　このように中国では、絶大な力を持つ皇帝の命令によって紙幣が登場した。いっぽうヨーロッパでは、銀行がその役割

を果たした。まず近代の銀行業は12世紀ごろにイタリアで始まった。フィレンツェのメディチ家のような名門が、お金の取り引きによって巨大な富と権力を手に入れた。

メディチ家よりも1500年早く始めたアテネのパシオンのように、メディチ家も両替をしたり、人々からお金を預かっては別のだれかに貸したりして、そのときにかなりの手数料をとっていた。また、借用書などを商人から買いとったり売りつけたりして、このときにも手数料をとっていた。このように強力な一族の所有する銀行を利用していたのは、一般の人々ではなく、統治者や政府のような、大きな計画に大金が必要な人々だった。その計画にはほかの国との戦争もふくまれていることが多かった。

やがて、中国の皇帝がそれより何百年も前にしていたように、ヨーロッパの国々でも自分たちで紙幣を発行するようになった。一番乗りは1661年のスウェーデンだ。しかし、わずか10年しか続かなかった。その後、1694年にイングランド銀行がロンドンに設立されて、スターリング・ポンド紙幣を発行した。今も使われているものだ。ほかの国々も次々にイギリスのやり方にならった。現在、世界のほとんどの国には自国の通貨があって、紙幣と、貴金属ではない硬貨を発行している。たびたび問題はあったものの、ぼくたちは少しずつ現在のこのお金のしくみに落ち着いていった。

　いくつかの国がまとまって同じ通貨を使おうと決めることもある。アフリカでは14の国が、1945年からCFAフラン（セーファーフラン）と呼ばれる同じ通貨を使っている。ヨーロッパでは、現在はほとんどの国が1999年に始まったユーロと呼ばれる通貨を使っている。同じ通貨を使うことで、便利なことも多い。たとえば、さまざまな国との貿易がもっとかんたんにできるようになる。しかし、長い目で見ればほかに多くの問題も生み出しているようだ。そのため、2008年以来ヨーロッパでは大きな金融危機が続いていて、いまだにきちんと解決されていない。

金融危機：世の中が、景気の悪化などから、経済の先行きに不安を感じて、銀行の経営が悪化・倒産したり、銀行が企業にお金を貸さなくなったり、企業が倒産したり、株価が下がったり、失業する人が増えたりする状況になること。

第15章
お金はかんたんに消えてしまうもの

　結局、お金についてもっとも大切で、もっとも理解するのがむずかしいことは、お金というのは人々がそれを信じているから存在しているということだ。ぼくたちは紙幣や硬貨のように目に見える現金をお金だと思っているけれど、実はお金に形はない。

　実際、ある国で使われている紙幣や硬貨を一度にぜんぶ集めて数え上げたとしても、その総額はきみが思っていたよりもずいぶん少ないだろう。それは巨額のお金が銀行に預けられているからだ。今日ではふつう、物を売ったり買ったりするときにあまり現金を使わなくなってきている。その代わりに銀行のクレジットカードや、インターネットで銀行などのサービスを利用する電子決済、銀行に持っていくとそこに書かれた金額が支払われる小切手などを使っている。しかし、多くの人々がいっせいに自分のお金をすべて現金で持ちたいと思ったら、大問題が起きる。お金が足りなくなる。

　これは、ちょっと足りないどころの話ではない。人々が銀行に預けてあるお金を、銀行が一度にすべて用意しようとしても、ほとんどお金がないのだ。銀行の仕事というのは、人々からお金を預かって、それをほかのだれか、たとえば家を買うのにお金が必要な人々などに貸すことだ。銀行はお金を貸して、利息をうけとっている。また、お金を預けてくれた人には利子を支払っている。でも貸した人からうけとった利息よりも少ない金額だ。それが、銀行が利益を得ているおもな方法のひとつになっている。

　銀行が人にお金を貸して、その人から余分に返してもらうものを「利息」、銀行にお金を預けた人（貸してくれた人）に銀行が余分に払うものを「利子」というよ。
利息−利子＝銀行の利益
きみの立場から見ると、銀行にお金を貸して（預けて）、銀行から余分にもらうものを「利息」といって、お金を借りた場合に、銀行に余分に払うものを「利子」というよ。

郵便はがき

| 6 | 5 | 2 | 0 | 8 | 4 | 6 |

おそれいりますが切手をおはりください。

神戸市兵庫区出在家町2-2-20

BL出版　愛読者係 行

●このハガキまたはパソコンから、当社の本を注文できます
下の注文欄にご記入下さい。約1週間でお手元にご注文の本をお届けいたします（送料無料）。商品お届けの際、本体価格、消費税の合計額を記入した郵便振替用紙（請求書）を同封いたします。
（HPは裏面を参照下さい）

書　　名	本体価格	注文数
	円	冊
	円	冊
	円	冊
	円	冊
	円	冊

ご住所	〒　　　　　　お電話（　　　）　－		
お名前		ご職業	男・女　　歳

ご記入いただいた個人情報は、ご注文の書籍の配送、お支払の確認等のご連絡、ご希望の方への各種サービス以外の目的では使用いたしません。なお、ご承諾いただいた方のみ、ご意見を弊社の販促物等へ転載する場合がございます。

貸してしまうことは禁じられていなければならない。また、銀行はかを預けることになっている。これはふつう、人々が銀行に預けたお金の20分の1ほどの金額だ。ほとんどはそれで問題ない。1日に引き出される現金は人々が銀行に預けたお金のうちのごくわずかな

割合なので、銀行もそれで十分にまかなえるからだ。しかし、返すことができないかもしれない人に銀行がお金を貸したのでは？と、多くの人々が心配しはじめたら、みんながいっせいに預けた現金を引き出そうとする。すると、銀行は支払うことができないから、そこで大問題が起きるわけだ。たとえ銀行が貸していたお金がきちんと返されることになっていたとしても、お金の引き出しを待つ人々の手元にすぐにわたるというわけにはいかない。銀行は仕事を休止することになり、政府が間に入って手助けしなければ、銀行にお金を預けた人々は、その全額かほとんどを失ってしまうだろう。そうだ、お金は消えてなくなってしまう。まるではじめから存在しなかったように。これが銀行のとり付け騒ぎと呼ばれるものだ。多くの銀行家が認めている以上にかなりひんぱんに起きていることは確かだ。

第16章
お金はしばりつけておけない

　ぼくたちはお金を形あるものとして考え、お金には決まった価値があると考えがちだ。でも、どちらの考えもまちがっている。きみが100円で買うことができる物の量は、常に変化している。たいていは何年かたつにつれて、100円で買える物の量はどんどん少なくなっていく。つまり、ほとんどの物の値段が上がっていく。そう、きみもよく知っている、あのインフレーションだ。世界のほとんどの国では、過去20年から30年の間の、物の値段の上がり方（物価上昇率、インフレ率）はゆるやかだった。去年100円だったものが今年は103円、次の年には106円という具合だ。こうして毎年2、3パーセントずつではあるけれど、じわじわと値段は上がっていく。すると現在の100円では、20年前に買うことができた量のたった半分しか買えないということになる。（逆に、物の値段が下がってお金の価値が上がっていくことを「デフレーション」という。同じ100円で買える物の量は多くなる。しかし、行きすぎると会社の倒産や不況をまねいてしまう。）

20年前　　　　　　　　　　　　　現在

通貨の価値が急激に失われることもある。すると物価の上昇はだれにも止められなくなる。これを「ハイパーインフレーション」と呼んでいる。これは世界各地で起きていて、1920年代にドイツで起きたものが有名だ。2008年にはジンバブエでも起きた。今まででもっとも高い物価上昇率を記録したのは、第2次世界大戦直後のハンガリーだ。当時の通貨単位は「ペンゲー」といった。1946年7月、ハンガリーの物価が14時間ごとに2倍にはね上がり、水曜日の朝のパン1斤の値段が、月曜日の朝の10倍にもなったという。だから、ペンゲーが手に入るなり、ペンゲーがその価値を失う前にあわてて使った人もいた。でもほとんどの場合、人々はペンゲーを使うのをやめて、代わりに物々交換をしたり、金やドルなどの外国の通貨を使ったりした。もちろん、こんなことが続くはずもなかった。1946年8月、ハンガリー政府は「フォリント」という新しい通貨を採用した。

　1フォリントは400000000000000000000000000000ペンゲーだ。つまり、古い通貨ペンゲーは完全に価値がなくなって、ペンゲーをたくわえていた人は財産をすべて失ってしまった。銀行が破たんするのとまったく同じだ。

　ある通貨で買うことができる物の量だけが、常に変化しているわけではない。ある通貨をほかの国の通貨と交換したときにどのくらいの価値があるかという、「為替相場」もまた変化している。

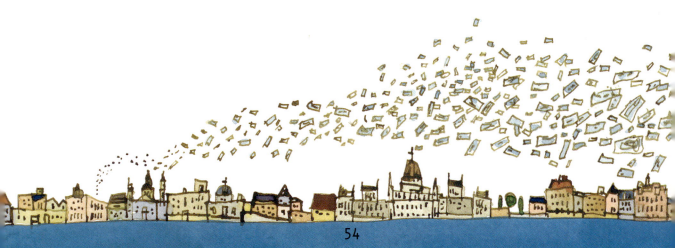

1945年にはイギリスの1ポンドは1008円と交換していたけれど、2014年では1ポンドはおよそ170円だ。また、1945年にはアメリカの1ドルは360円だったけれど、2014年には1ドルがおよそ110円になっている。このように、日本の円の価値も変化している。

　為替相場が変動するのにはたくさんの理由がある。インフレーションもその理由のひとつだ。物価上昇率の高い国の通貨は、物価上昇率の低い国の通貨とくらべて、価値を失ってしまうことが多い。利息もまた理由のひとつにあげられる。ある国の銀行が預金者に高い利息を払いはじめると、みんながその国の通貨をほしがるので、多くの場合、その国の通貨価値も上がる。

　政府は為替相場を何とか調整しようとするけれど、それは口でいうほどかんたんなことではない。予想外のことが起きて政府の計画がダメになり、通貨の価値が変わってしまうこともある。たいていは1940年代のハンガリーほどひどくも急激でもないけれど、お金というものは、ぼくたちが思っているよりも、はるかにコントロールするのがむずかしい。

ものの値段と価値は別のこと

　そんなわけで、今きみはお金を手にしている。お金はずっとずっと昔から存在してきたけれど、不思議でつかみどころがなく、しばりつけておくこともできないものだ。そして、消えたり現れたりするし、みんながそれを実際にあると信じたときだけ存在するものだ。お金を数えるのはかんたんに思える――だから便利だといえる。でも、世の中にいったいどのくらいのお金があるのかは、だれにもわからない。

　結局のところ、お金って良いものなのか悪いものなのか、どうなんだろう？　まあ、すばらしい発明品だということは明らかだ。お金は人々が取り引きや商売をするのに必要不可欠だ。お金は鋤や自動車や蒸気機関車といった発明品と同じように、近代世界を形づくってきた。もっとはっきりいえば、お金なしで今日の生活を想像するなんて無理だ。実は、そこに問題点の一部があるといってもいい。

　どうもぼくたちは何でもかんでもお金の面から考えるようになってきている。いくらかかるの？　どれくらいの価値があるの？　いくら使っちゃったの？　ほかの人より多くかせいだかな？　しょっちゅう、そんなふうに考えるようになったら、売ったり買ったりすることだけが人生で大切なことで、売り買いできないものは価値がないと思いはじめてしまう危険が出てくる。それに、人生に必要なのはできるだけたくさんのお金を持つことだとかんたんに信じるようになってしまう。きみはどう考えているだろうか。ぼくにはとてもいい考えだとは思えないけれど。

あとがき

　数年前、お金についてよく知っていそうな人に質問したことがあった。お金はどこからやって来るんでしょうか？　その人は「未来から」と答えた。えっ、どういうことだろう。昔の人が鉱山から掘り出してきたんじゃなかったのか？　ぼくは悩みに悩んだ。だから、だいぶ前になるが、編集者でもある友人のキャズが、お金に関する本を書いてみないかと話を持ちかけてきたとき、ぼくはそのチャンスに飛びついた。でも、まわりの人々がお金に関する本なんてたいくつだと思っていることを知ると、ぼくたちは二人して少しおどろいた。しかしその後、2008年秋に大きな金融危機が起こり、まるで世界中のお金のほとんどが、あっという間に消えてなくなったかのようになった。どうしてこんなことが？　これからどうなるの？　いったいどうしたらいいんだ？　だれもその答えを知らないようだった。やがて、自分たちはお金のことをあまりよく理解していないということに、多くの人々はだんだん気づいてきた。そしてもう少し調べてみたらおもしろそうだということにも。

　ぼくはお金について理解を深めながら、とてもわくわくした。たくさん考え、たくさん読み、さらにたくさん考えた。ロンドンの大英博物館のマネー・ギャラリーを訪れて、黒海周辺で発見されたイルカの形のお金や、古代の紙幣、最初のクレジットカードなどをこの目で確かめた。ぼくはお金についてかなりくわしくなったと思った。確かにぼくにはお金のなぞをとく情報やヒントはなかったけれど、そんなのはだれだって同じだ。とはいえ、ぼくは研究を続けるにつれ、かつてぼくが質問した人が、何をいおうとしていたのか、わかりはじめた。きみがこの本をしっかり読んで、何かを考えてくれたとしたら、ぼくがこの本を書いたことにも、いくらか意味があったといえるだろう。

参考文献

調査や研究をしている間、たくさんの記事をウェブ上で読んだ。役に立つものもあれば、それほどでもないものもあった。次の３冊からは多くのことを学んだ。

Money : A History　キャサリン・イーグルトン／ジョナサン・ウィリアムズ編
（ブリティッシュ・ミュージアム・プレス　2007年）
Frozen Desire　ジェイムズ・バカン著（ピカドール社　1998年）
The Ascent of Money　ナイル・ファーガソン著（ペンギン社　2012年）

さくいん

ア
インフレーション　42, 44, 53, 55
インフレ率　53
円　51, 53, 55

カ
カエサル　41
為替相場　54, 55
金融危機　49
クレジットカード　50
硬貨　33, 34, 35, 39, 42, 43, 45, 47, 48, 50
小切手　50
コロンブス　43

サ
借用書　30, 31, 32, 33, 46, 48
紙幣　47, 48, 49, 50
CFAフラン　49
税（税金）　25, 37, 38, 39, 40

タ
中央銀行　51
デフレーション　53
電子決済　50
トークン　15, 16, 17
とり付け騒ぎ　52
ドル　54, 55

ハ
ハイパーインフレーション　54
パシオン　35, 37, 48
物価上昇率　53, 54, 55
物々交換　11, 12, 14, 15, 18, 26, 47, 54
プリニウス　40
ヘロドトス　34
ポンド　48, 55

メ
メディチ家　48

ヤ
ユーロ　49

ラ
利子　29, 35, 50, 51
利息　50, 51, 55
両替　35, 48

マーティン・ジェンキンス
Martin Jenkins

1959年イギリス、サリー州生まれ。スペイン、アイルランド、ケント州で育った。ケンブリッジ大学を経て、保全生物学者として10年間世界自然保全モニタリングセンターで働く。1990年以降は、WWFや環境に関する国連機関などの仕事に携わる。作品に、"Can we save the Tiger?""The Emperor's Egg""Titanic""Chameleons Are Cool"など多数。イギリス、ケンブリッジ州在住。

きたむら さとし
Kitamura satoshi

1956年東京都生まれ。1979年にイギリスにわたり、数年後より絵本を作りはじめた。ハーウィン・オラム氏とのコンビで作った『ぼくはおこった』(評論社)でマザーグース賞、絵本にっぽん賞特別賞を受賞。そのほかの作品に『やねうら』(文/ハーウィン・オラム 評論社)、『わたしのゆたんぽ』(偕成社)、『ポットさん』『ミリーのすてきなぼうし』『オレのカミがた、どこかへん？』(以上、ＢＬ出版)など多数。神奈川県川崎市在住。

吉井一美
Yoshii Kazumi

1968年山梨県生まれ。青山学院大学文学部英米文学科卒業。百貨店勤務ののち、通信および通学で翻訳を学ぶ。絵本の翻訳に『おばけやしきなんてこわくない』(国土社)、『マジックバルーン』(大日本絵画)、『ぼくのおじいちゃん』(ＢＬ出版)などがある。またビジネス書『「一流プレゼンターへの道」徹底ガイド』(ＰＨＰ研究所)の翻訳も手がける。やまねこ翻訳クラブ会員。東京都在住。

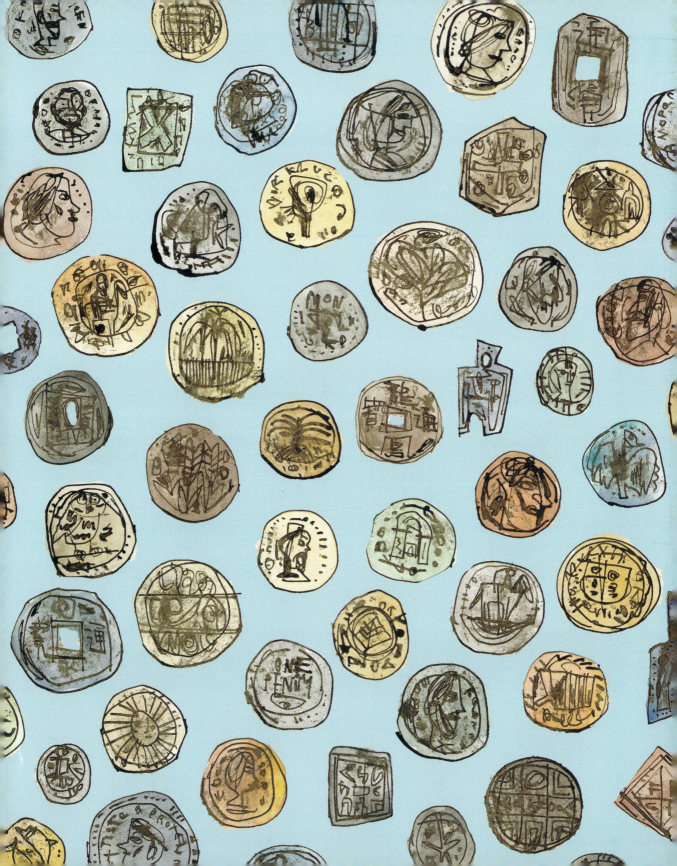